ATLAS
Lluniau Mawr

EMILY BONE

DARLUNIWYD GAN

DANIEL TAYLOR

CYNLLUNIWYD GAN

EMILY BARDEN

ADDASIAD CYMRAEG GAN

SIÂN LEWIS

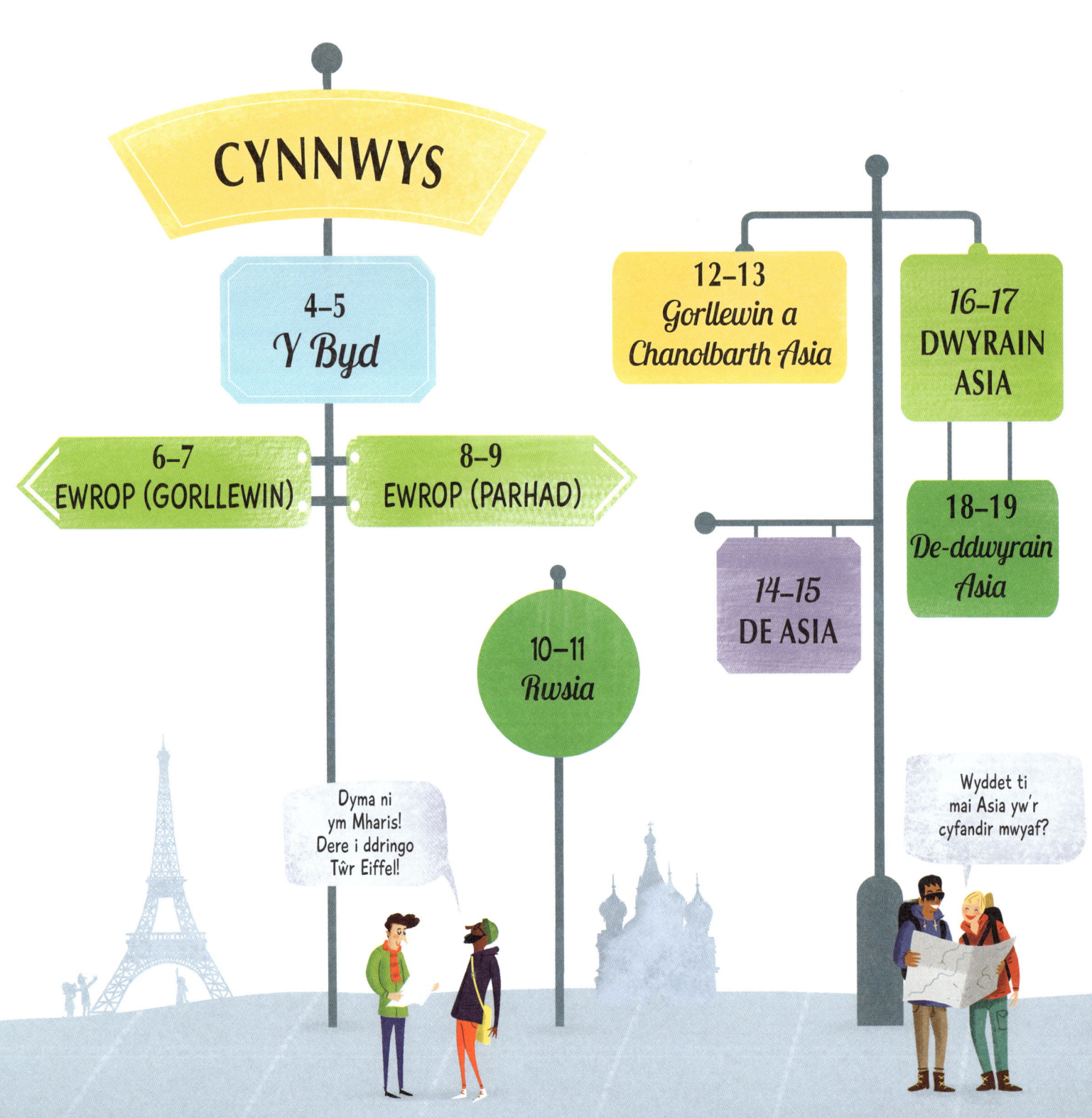

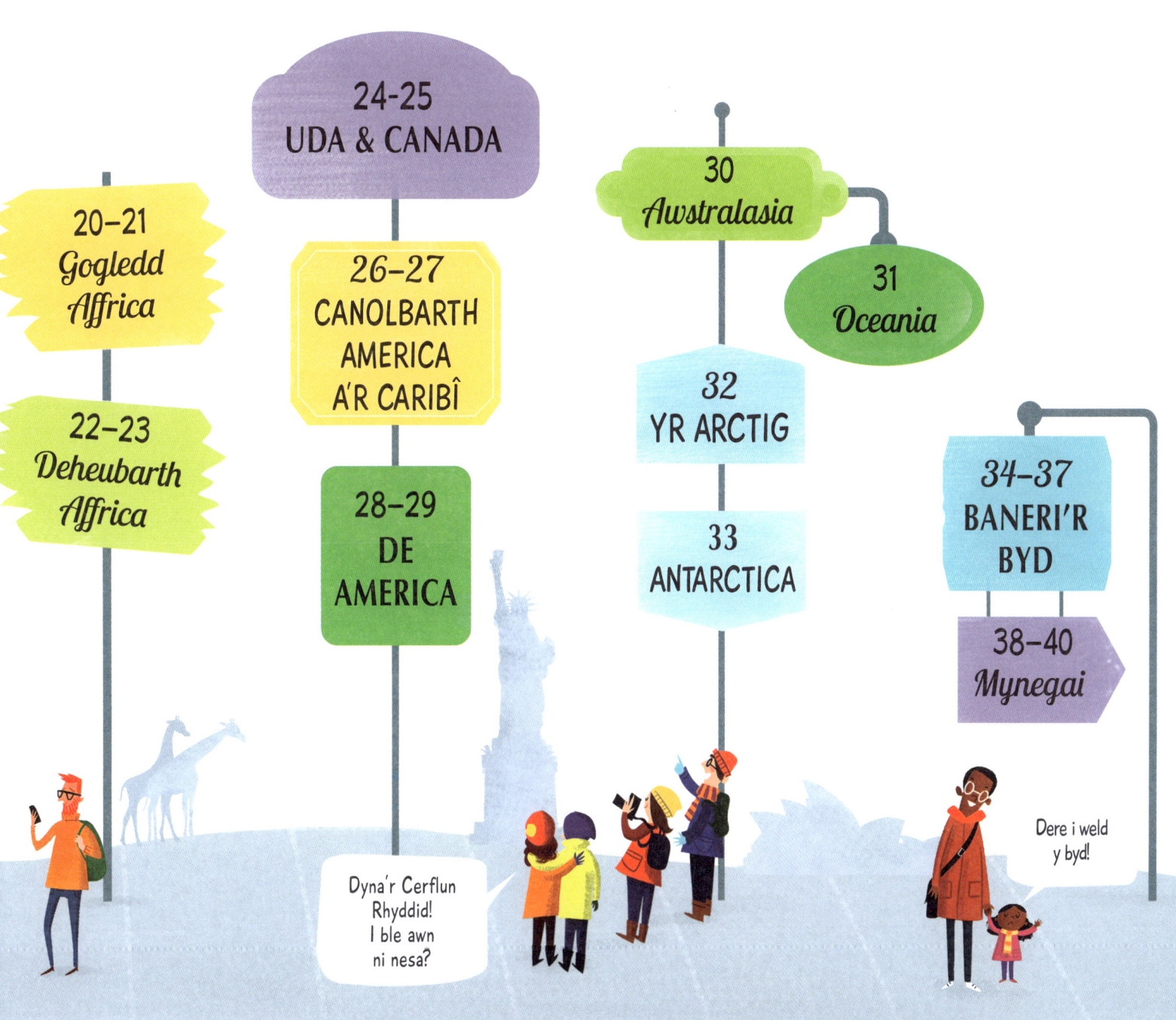

Y BYD

Mae'r byd wedi'i rannu'n saith darn mawr o dir o'r enw cyfandiroedd, a phum cefnfor. Mae'r map hwn yn dangos rhai o'r pethau pwysig byddwn yn dod ar eu traws yn y llyfr hwn.

Mae rhai grwpiau o bobl wedi byw yn yr un ardal am amser hir, ac mae ganddyn nhw iaith a ffordd o fyw arbennig. Mae'r Inuit yn byw yng ngogledd Canada a'r Ynys Las.

Enw pen uchaf y Ddaear yw Pegwn y Gogledd.

Mae'r môr yn aml wedi rhewi fan hyn.

Ar fapiau, mae llinellau dychmygol yn rhannu'r byd. Defnyddir y llinellau i fesur pellter a darganfod yn union ble mae gwahanol leoedd. Y llinellau pwysicaf yw'r Cyhydedd, y Trofannau a'r Cylchoedd Arctig ac Antarctig.

GOGLEDD AMERICA

CEFNFOR IWERYDD

EWROP

Mewn rhai mannau, dyw hi bron byth yn glawio. Enw'r lleoedd hyn yw anialdiroedd. Mae rhai anialdiroedd yn boeth iawn, iawn. Yr anialdir poeth mwyaf yw'r Sahara, sy'n gorchuddio'r rhan fwyaf o ogledd Affrica.

AFFRICA

TROFAN CANCR

CEFNFOR TAWEL

CYHYDEDD

Llinell am ganol y Ddaear yw'r Cyhydedd. Mae'r mannau poethaf yn y byd o gwmpas y Cyhydedd. Mae'n glawio yma bron bob dydd.

Rhwng y Cyhydedd a Throfannau Cancr a Capricorn mae'n boeth iawn, ac yn aml yn wlyb iawn.

DE AMERICA

Mae coedwigoedd enfawr, o'r enw coedwigoedd glaw, yn tyfu ger y Cyhydedd. Mae'r rhan fwyaf o blanhigion ac anifeiliaid y byd yn byw yma.

TROFAN CAPRICORN

Mynyddoedd yw'r siapiau piws hyn. Mae'r rhan fwyaf o fynyddoedd mewn grwpiau, neu gadwyni.

CANADA

OTTAWA

Mae gan bob gwlad brifddinas, neu brifddinasoedd. Mae dotiau coch yn dangos eu lleoliad.

CEFNFOR Y DE

Mae llinell wen fel hon yn dangos y ffiniau rhwng gwledydd.

WASHINGTON, D.C.

UNOL DALEITHIAU AMERICA

Mae rhai gwledydd wedi'u rhannu'n ardaloedd llai — taleithiau, er enghraifft. Dyma'r ffiniau rhyngddyn nhw.

Enw pen isaf y Ddaear yw Pegwn y De. Mae llawer o anturiaethwyr wedi teithio i'r Pegynau.

RWSIA

Rwsia yw'r wlad fwyaf yn y byd, yn gorchuddio 11.5% o dir y Ddaear. Mae yn Ewrop ac yn Asia.

CEFNFOR ARCTIG

Mae'r môr hwn wedi rhewi bron drwy'r flwyddyn.

TIR FRANZ JOSEF

EWROP (GORLLEWIN)

Mae Goleuni'r Gogledd yn sioe ryfeddol o oleuadau naturiol a welir yn awyr y nos o fewn y Cylch Arctig.

Cynhwyslong

Môr Barents

YNYS NOVAYA ZEMLYA

Arth wen

Hebog chwyldro

Mae pobl o'r enw'r Nenet yn byw mewn pebyll o groen carw.

Môr Kara

Tylluan yr eira

Adeiladwyd cofeb Mileniwm Rwsia yn Veliky Novgorod yn 1862, i ddathlu mil o flynyddoedd o hanes Rwsia. Arni mae cerfluniau o arweinwyr Rwsia.

CYLCH ARCTIG

Bugeiliaid ceirw o ogledd Siberia yw'r Nenet.

Sgwarnog mynydd

Llyn Ladoga

Llyn Onega

Balalaika, offeryn traddodiadol o Rwsia

Y Kremlin, ym Moscow, yw cartref swyddogol Senedd Rwsia. Mae ar y Sgwâr Coch, drws nesaf i Eglwys Gadeiriol Sant Basil (tud. 8).

● MOSCOW

EWROP / ASIA

Ob

Arth frown

Ushanka, het ffwr draddodiadol â fflapiau clust

Volga

Don

Mae coedwigoedd bedw arian yn gorchuddio rhannau helaeth o ddwyrain Rwsia.

MYNYDDOEDD URAL

Mae Siberia'n ardal eang o Rwsia, i'r dwyrain o Fynyddoedd Ural. Mae'n oer iawn yno yn y gaeaf, weithiau mor oer â -60°C (-76°F).

Yn y banyas, sef y baddondai cyhoeddus, mae pobl yn curo'u hunain â gwialenni, gan obeithio gwella pob math o afiechydon.

Mae Mynyddoedd Ural yn nodi'r ffin rhwng dau gyfandir, Ewrop i'r gorllewin ac Asia i'r dwyrain.

Mwyar y ddaear

Irtysh

MYNYDD ELBRUS

Mae llawer o ffermydd blodau haul yn y rhan hon o Rwsia. Mae'r hadau'n fwyd poblogaidd.

Volga

Ural

Ob

Rig olew

Blini (crempog) a chaf

MYNYDDOEDD CAUCASUS

Môr Caspia

GORLLEWIN & CHANOLBARTH ASIA

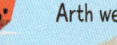

DWYRAIN ASIA

GORLLEWIN A CHANOLBARTH ASIA

RWSIA

Mae reslo'n boblogaidd iawn ym Mongolia. Bydd y reslwyr yn perfformio dawns ar ddechrau a diwedd pob gêm.

Cerflun Genghis Khan, sefydlydd yr Ymerodraeth Fongolaidd

ULAN BATOR

MONGOLIA

Mogao, Ogofâu'r mil Bwdha

Math o geffyl gwyllt ym Mongolia yw Ceffyl Przewalski. Mae ceffylau'n rhoi cig a llaeth ac yn cludo pobl a phethau.

MYNYDDOEDD ALTAI

Ger, pabell symudol ym Mongolia

Gwisg o sidan brodiog a mwclis trwm o arian a chwrel yw Deel. Dyma wisg draddodiadol Mongolia.

ANIALDIR GOBI

Jerboa

Mosg Id Kah

Mae coed saxaul yn tyfu ar dwyni tywod.

Hwyaden goch yr eithin

MYNYDDOEDD KARAKORAM

Gweill bwyta

MYNYDDOEDD KUNLUN

Carp noeth

Llyn Qinghai

Y Felen

CHINA

Gweinir nŵdls o does wedi'i rolio a'i ymestyn. Fe'u bwytir yn China ac ar draws dwyrain Asia.

Mae gan y pangolin gennau trwchus dros ei gorff. Pan fydd rhywun yn ymosod, mae'n rholio'n bêl.

Mwnci trwyn smwt

Yangtze

Bambŵ

K2

MYNYDD EVEREST

Palas Potala, palas a safle crefyddol 400 oed

Mae mynydd K2 ar y ffin rhwng China a Pakistan. Dyma'r ail fynydd uchaf yn y byd (gweler tud. 14).

Brahmaputra

Salween

YR HIMALAYA

Y bambŵ, sy'n tyfu yng nghoedwigoedd China, yw unig fwyd y panda mawr.

Mae mynyddoedd ac anialdiroedd yn gorchuddio gorllewin China. Does yno ddim trefi na dinasoedd.

Mae dros biliwn a chwarter o bobl yn byw yn China — mwy nag mewn unrhyw wlad arall yn y byd.

Cerfiwyd Bwdha Mawr Leshan ar wyneb craig. Mae'n 71m (233tr) o daldra.

TROFAN CANCR

DE ASIA

16

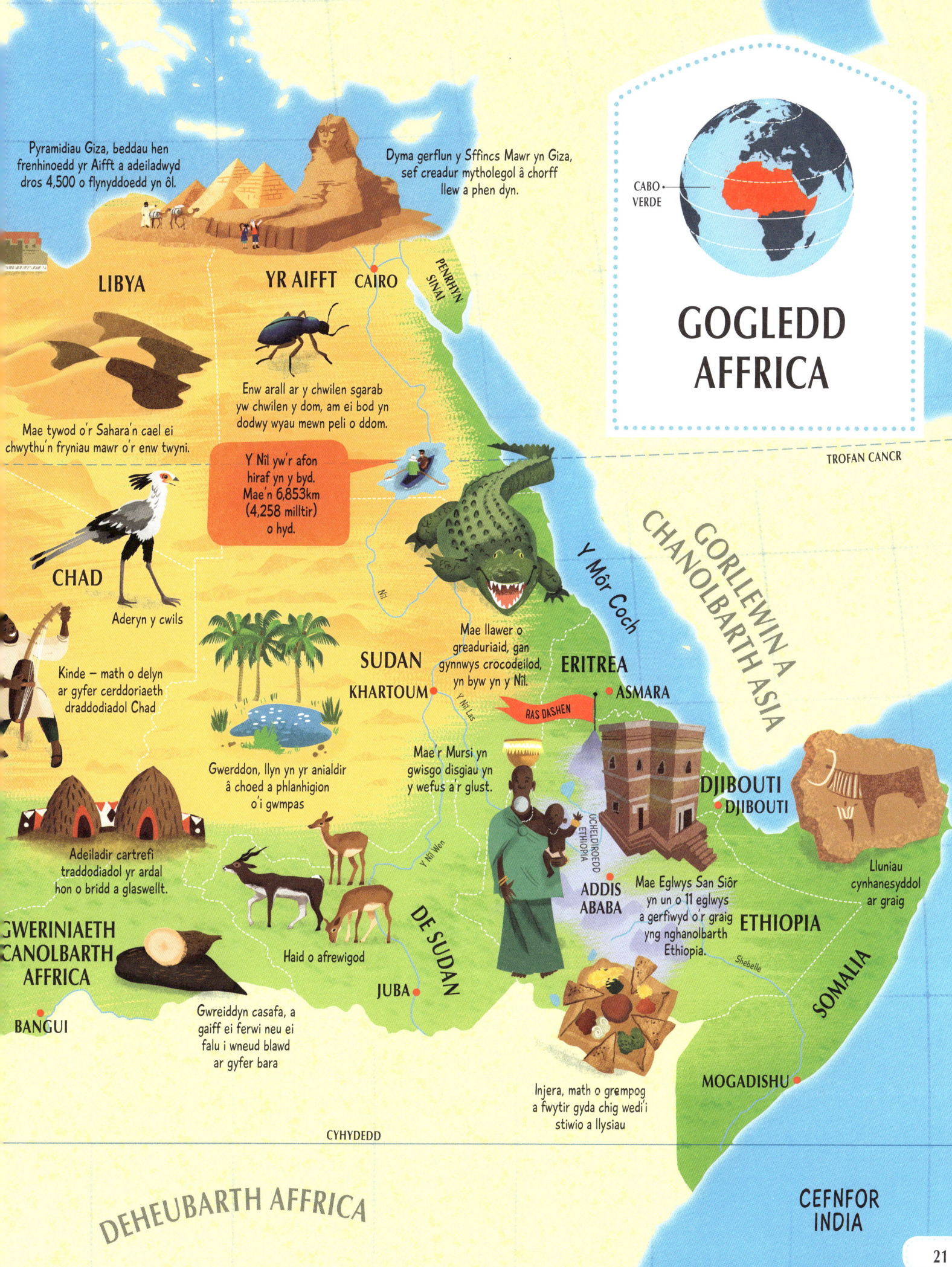

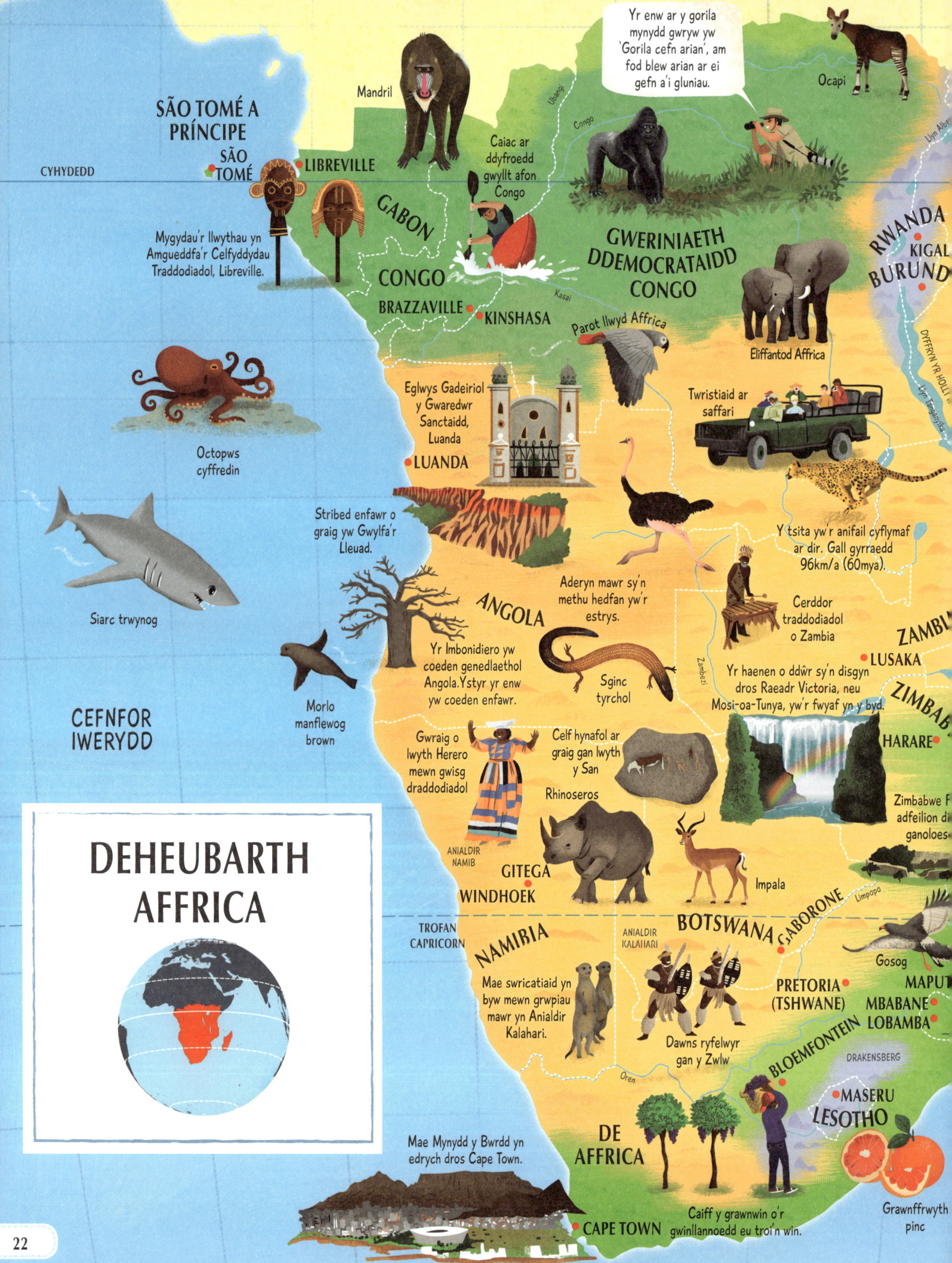

OCEANIA

Mae Oceania yn gasgliad o dros 20,000 o ynysoedd sy'n ymestyn i'r Cefnfor Tawel.

CEFNFOR TAWEL

Môr-wennol wen

POLYNESIA FFRENGIG (FFRAINC)

YNYSOEDD PITCAIRN (Y DU)

Ar ynysoedd Kiribati, mae pobl yn byw mewn bythynnod gwellt ar bileri i osgoi llifogydd.

Mae rhai ynysoedd yn rhy fach i gael meysydd awyr, felly defnyddir awyrennau môr.

Drua, math o ganŵ traddodiadol â hwyl fawr glytwaith

Taro, gwreiddlysieuyn a dyfir ar draws Oceania

Siarc sebra pengrwn

Te Rua Manga (Y Nodwydd) yw'r man uchaf ar Ynysoedd Cook.

YNYSOEDD COOK (SELAND NEWYDD)

Mae'r aderyn ffrigad gwryw yn llenwi'i wddw coch cyda gael i ddenu'r benywod.

Dolffin morfil cywir y de

KIRIBATI

Te Ano, gêm debyg i bêl foli

TOKELAU (SELAND NEWYDD)

Mae ffrwythau'r sgriwbinwydden yn edrych fel pinafalau. Caiff y ffrwythau a'r dail eu coginio.

• TARAWA

• FUNAFUTI

SAMOA AMERICANAIDD (UDA)

SAMOA • APIA

NIUE (SELAND NEWYDD)

TONGA

NUKU'ALOFA •

Mae crancod dringol yn chwalu plisgyn cnau coco ac yn bwyta'r ffrwyth y tu mewn.

• DELAP-ULIGA-DJARRIT

YNYSOEDD MARSHALL

• YAREN

NAURU

TUVALU

WALLACE A FUTUNA (FFRAINC)

• SUVA

FIJI

Teml Hindŵaidd enfawr yw Teml Sri Siva Subramaniya ar ynys Nadi, Fiji. Dyma un o'r temlau Hindŵaidd mwyaf yn y byd.

Lelu, adfeilion hen ddinas frenhinol ym Micronesia.

YNYSOEDD SOLOMON

• HONIARA

VANUATU

PORT VILA •

CALEDONIA NEWYDD (FFRAINC)

Ystifflog

PALIKIR •

TALEITHIAU FFEDERAL MICRONESIA

YNYSOEDD GOGLEDD MARIANA (UDA)

Naghol (plymio tir) yw'r gamp lle mae pobl yn neidio oddi ar lwyfan uchel â rhaff am eu migyrnau. Dyma darddiad neidio bynji.

Ffos Mariana, sy bron 11km (7 milltir) o ddyfnder, yw'r man isaf ar y Ddaear. Defnyddir llongau tanfor arbennig i'w harchwilio.

Môr-lyffant

GUAM (UDA)

NGERULMUD •

PALAU

CYHYDEDD

TROFAN CAPRICORN

AWSTRALASIA

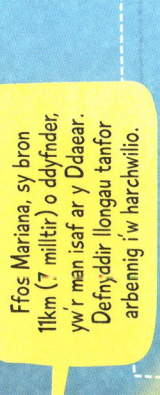

BANERI'R BYD

Mae ychydig llai na 200 o wledydd yn y byd. Mae lluniau'u baneri ar y tudalennau nesaf, ynghyd ag enwau'u prifddinasoedd (mae gan rai gwledydd fwy nag un brifddinas).

Ewrop (gorllewin) TUD 6–7

ANDORRA
Andorra la Vella

AWSTRIA
Fienna

GWLAD BELG
Brwsel

CROATIA
Zagreb

GWERINIAETH SIEC
Prâg

DENMARC
Copenhagen

Y FFINDIR
Helsinki

FFRAINC
Paris

YR ALMAEN
Berlin

GWLAD YR IÂ
Reykjavik

IWERDDON
Dulyn

YR EIDAL
Rhufain

LIECHTENSTEIN
Vaduz

LWCSEMBWRG
Lwcsembwrg

MALTA
Valletta

MONACO

YR ISELDIROEDD
Amsterdam, Yr Hâg

NORWY
Oslo

PORTIWGAL
Lisbon

SAN MARINO
San Marino

SLOFENIA
Lubljana

SBAEN
Madrid

SWEDEN
Stockholm

Y SWISTIR
Bern

Y DEYRNAS UNEDIG
Llundain

DINAS Y FATICAN

Ewrop (Parhad) a Rwsia TUD 8–11

ALBANIA
Tirana

BELARWS
Minsk

BOSNIA-HERZEGOVINA
Sarajevo

BWLGARIA
Sofia

CYPRUS
Nicosia

ESTONIA
Tallinn

GWLAD GROEG
Athen

HWNGARI
Budapest

KOSOVO
Pristina

LATFIA
Riga

LITHWANIA
Vilnius

GOGLEDD MACEDONIA
Skopje

MOLDOFA
Chişinău

MONTENEGRO
Podgorica

GWLAD PWYL
Warsaw

ROMANIA
Bucharest

RWSIA
Moscow

SERBIA
Belgrade

SLOFACIA
Bratislava

TWRCI
Ankara

WCRAIN
Kyiv

Gorllewin a chanolbarth Asia
TUD 12–13

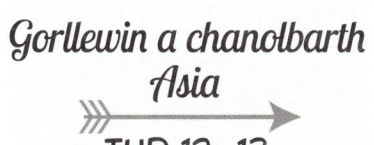
AFGHANISTAN Kabul

ARMENIA Yerevan

AZERBAIJAN Baku

BAHRAIN Manama

GEORGIA Tbilisi

IRAN Tehran

IRAC Baghdad

ISRAEL Jerusalem

GWLAD IORDDONEN Amman

KAZAKHSTAN Astana

KUWAIT Dinas Kuwait

KYRGYSTAN Bishkek

LIBANUS Beirut

OMAN Muscat

QATAR Doha

SAUDI ARABIA Riyadh

SYRIA Damascus

TAJIKISTAN Dushanbe

TWRCI Ankara

TURKMENISTAN Ashgabat

YR EMIRADAU ARABAIDD UNEDIG Abu Dhabi

UZBEKISTAN Tashkent

YEMEN Sana'a

De Asia
TUD 14–15

BANGLADESH Dhaka

BHUTAN Thimphu

INDIA Delhi Newydd

MALDIVES Malé

BURMA (MYANMAR) Naypyidaw, Rangoon

NEPAL Kathmandu

PAKISTAN Islamabad

SRI LANKA Colombo, Sri Jayawardenepura Kotte

Dwyrain Asia
TUD 16–17

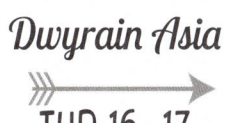

CHINA Beijing

JAPAN Tokyo

MONGOLIA Ulan Bator

GOGLEDD KOREA Pyongyang

DE KOREA Seoul

De-ddwyrain Asia
TUD 18–19

BRUNEI Bandar Seri Begawan

CAMBODIA Phnom Penh

DWYRAIN TIMOR Dili

INDONESIA Jakarta

LAOS Vientiane

MALAYSIA Kuala Lumpur, Putrajaya

PHILIPPINES Manila

SINGAPORE Singapore

GWLAD THAI Bangkok

FIETNAM Hanoi

Gogledd Affrica
TUD 20–21

 **ALGERIA** Algiers

 **BENIN** Porto-Novo

 **BURKINA FASO** Ouagadougou

 **CAMEROON** Yaoundé

 **CABO VERDE** Praia

 **GWERINIAETH CANOLBARTH AFFRIC** Bangui

 **CHAD** N'Djamena

 **DJIBOUTI** Djibouti

 **YR AIFFT** Cairo

 **GUINEA GYHYDEDDOL** Malabo

 **ERITREA** Asmara

 **ETHIOPIA** Addis Ababa

 **GAMBIA** Banjul

 **GHANA** Accra

 **GUINEA** Conakry

 **GUINEA-BISSAU** Bissau

 **TRAETH IFORI** Yamoussoukro

 **LIBERIA** Monrovia

 **LIBYA** Tripoli

 **MALI** Bamako

 **MAURITANIA** Nouakchott

 **MOROCCO** Rabat

 **NIGER** Niamey

 **NIGERIA** Abuja

 **SENEGAL** Dakar

 **SIERRA LEONE** Freetown

 **SOMALIA** Mogadishu

 **DE SUDAN** Juba

 **SUDAN** Khartoum

 **TOGO** Lomé

 **TUNISIA** Tunis

Deheubarth Affrica
TUD 22–23

 **ANGOLA** Luanda

 **BOTSWANA** Gabarone

 **BURUNDI** Bujumbura

 **COMOROS** Moroni

 **CONGO** Brazzaville

 **GWERINIAETH DDEMOCRATAIDD CONGO** Kinshasa

 **ESWATINI** Lobamba, Mbabane

 **GABON** Libreville

 **KENYA** Nairobi

 **LESOTHO** Maseru

 **MADAGASCAR** Antananarivo

 **MALAWI** Lilongwe

 **MAURITIUS** Port Louis

 **MOZAMBIQUE** Maputo

 **NAMIBIA** Windhoek

 **RWANDA** Kigali

 **SÃO TOMÉ A PRÍNCIPE** São Tomé

 **SEYCHELLES** Victoria

 **DE AFFRICA** Bloemfontein, Cape Town, Pretoria

 **TANZANIA** Dodoma, Dar es Salaam

 **UGANDA** Kampala

 **ZAMBIA** Lusaka

ZIMBABWE Harare

UDA & Canada
TUD 24–25

UDA
Washington, D.C.

CANADA
Ottawa

Canolbarth America a'r Caribî
TUD 26–27

ANTIGUA A BARBUDA
St. John's

Y BAHAMAS
Nassau

BARBADOS
Bridgetown

BELIZE
Belmopan

COSTA RICA
San José

CIWBA
Havana

DOMINICA
Roseau

GWERINIAETH DOMINICA
Santo Domingo

EL SALVADOR
San Salvador

GRENADA
St. George's

GUATEMALA
Dinas Guatemala

HAITI
Port-au-Prince

HONDURAS
Tegucigalpa

JAMAICA
Kingston

MECSICO
Dinas Mecsico

NICARAGUA
Managua

PANAMA
Panama City

ST. KITTS A NEVIS
Basseterre

ST. LUCIA
Castries

ST.VINCENT A'R GRENADINES
Kingstown

TRINIDAD A TOBAGO
Port-of-Spain

De America
TUD 28–29

ARIANNIN
Buenos Aires

BOLIFIA
La Paz, Sucre

BRASIL
Brasilia

CHILE
Santiago

COLOMBIA
Bogotá

ECUADOR
Quito

GUYANA
Georgetown

PARAGUAY
Asunción

PERIW
Lima

SURINAME
Paramaribo

URUGUAY
Montevideo

VENEZUELA
Caracas

Awstralasia
TUD 30

AWSTRALIA
Canberra

SELAND NEWYDD
Wellington

PAPUA GUINEA NEWYDD
Port Moresby

Oceania
TUD 31

FIJI
Suva

KIRIBATI
Tarawa

YNYSOEDD MARSHALL
Delap Uliga Djarrit

TALEITHIAU FFEDERAL MICRONESIA
Palikir

NAURU
Yaren

PALAU
Ngerulmud

SAMOA
Apia

YNYSOEDD SOLOMON
Honiara

TONGA
Nuku'alofa

TUVALU
Funufuti

VANUATU
Port Vila

MYNEGAI

A

Abu Dhabi, 12
Abuja, 20
Accra, 20
Addis Ababa, 21
Afghanistan, 13
Affrica, 4, 20-23
Alaska, 24
Albania, 9
Algeria, 20
Algiers, 20
Alpau, 7
Amman, 12
Amsterdam, 7
Andes, 4, 28, 29
Andorra, 7
Andorra la Vella, 7
Angola, 22
Anguilla, 27
Ankara, 12
Antananarivo, 23
Antarctica, 5, 33
Antigua a Barbuda, 27
Ariannin, 29
Armenia, 12
Aruba, 27
Ashgabat, 13
Asia, 5, 10, 12-19
Astana, 13
Asunción, 29
Athen, 9
Awstralasia, 5, 30
Awstria, 7
Azerbaijan, 12

B

Bae Bengal, 15
Bae Hudson, 25
Baghdad, 12
Bahamas, 27
Baku, 12
Bamako, 20
Bangkok, 18
Bangladesh, 15
Bangui, 21
Banjul, 20
Barbados, 27
Barcelona, 7
Beijing, 17
Beirut, 12
Belarws, 8
Belgrade, 9
Belize, 26
Belmopan, 26
Benin, 20
Berlin, 7
Bern, 7
Bhutan, 14
Bishkek, 13
Bissau, 20
Bloemfontein, 22
Bogotá, 28
Bolifia, 28, 29
Borneo, 18
Bosnia-Herzegovina, 9
Botswana, 22
Brasil, 28, 29
Brasilia, 28
Bratislava, 9
Brazzaville, 22
Brunei, 18
Brwsel, 7
Bucharest, 9
Budapest, 9
Buenos Aires, 29
Burkina Faso, 20
Burma (Myanmar), 14, 15
Burundi, 22
Bwlgaria, 9

C

Cabo Verde, 20
Cairo, 21
Cambodia, 18
Cameroon, 20
Canada, 4, 24, 25, 32
Canberra, 30
Canolbarth America, 26-27
Cape Town, 22
Caracas, 28
Cayenne, 28
Cefnforoedd,
  Arctig, 4, 5, 6, 10, 11, 32
  India, 5, 15, 18, 21, 23, 30, 33
  Iwerydd, 4, 6, 7, 20, 22, 25, 27, 28, 29, 31, 33
  Tawel, 4, 5, 19, 24, 26, 29, 30, 31, 33
  Y De, 4, 5, 33
Celebes, 19
Chad, 20, 21
Chile, 29
China, 16, 17
Chişinău, 9
Ciwba, 27
Coedwig Law Amazonas, 28
Colombia, 28
Colombo, 15
Comoros, 23
Conakry, 20
Congo, 22
Copenhagen, 6
Corsica, 7
Costa Rica, 27
Creta, 9
Croatia, 7
Curaçao, 27
Cymru, 7
Cyprus, 9
Czechia, 7

D

Dakar, 20
Damascus, 12
De Affrica, 22
De America, 4, 28-29
De Asia, 14-15
De Georgia, 29
De Korea, 17
De Sudan, 21
De-ddwyrain Asia, 18-19
Deheubarth Affrica, 22-23
Delap-Uliga-Djarrit, 31
Delhi Newydd, 14
Denmarc, 6
Dhaka, 15
Dili, 19
Dinas Guatemala, 26
Dinas Kuwait, 12
Dinas Panama, 27
Dinas y Fatican, 7
Djibouti, 21
Dodoma, 23
Doha, 12
Dominica, 27
Dulyn, 6
Dushanbe, 13
Dwyrain Timor, 19

E

Ecuador, 28
Efrog Newydd, 25
El Salvador, 26
Emiradau Arabaidd Unedig, 12
Eritrea, 21
Estonia, 8
Eswatini, 22
Ethiopia, 21
Ewrop, 4, 5, 8, 9, 10

F

Fienna, 7
Fiji, 31
Freetown, 20
Funafuti, 31

Ff

Ffrainc, 7

G

Gabon, 22
Gaborone, 22
Gambia, 20
Geneufor Mawr Awstralia, 30
Georgia, 12
Ghana, 20
Gitega, 22
Gogledd Affrica, 20-21
Gogledd America, 4, 24, 25, 26, 27
Gogledd Korea, 17
Gogledd Macedonia, 9
Grenada, 27
Guadeloupe, 27
Guam, 31
Guatemala, 26
Guinea, 20
  Gyhydeddol, 20
  Newydd, 19, 30
Guinea-Bissau, 20
Guyana, 28
Guyane Ffrengig, 28
Gweriniaeth Canolbarth Affrica, 20, 21
Gweriniaeth Dominica, 27
Gweriniaeth Ddemocrataidd Congo, 22
Gwlad Belg, 7
Gwlad Groeg, 9
Gwlad Iorddonen, 12
Gwlad Pwyl, 8
Gwlad Thai, 18
Gwlad yr Iâ, 6
Gwlff Mecsico, 25, 26, 27

H

Haiti, 27
Hanoi, 18
Harare, 22
Havana, 27
Hawaii, 24
Helsinki, 6
Honduras, 26, 27
Honiara, 31
Hwngari, 9

I

India, 14, 15
Indonesia, 18, 19
Irac, 12
Iran, 12
Islamabad, 14
Israel, 12
Iwerddon, 6

J

Jakarta, 18
Jamaica, 27
Japan, 5, 17
Java, 18

Jerusalem, 12
Juba, 21

K

Kabul, 13
Kampala, 23
Kathmandu, 14
Kazakhstan, 12, 13
Kenya, 23
Khartoum, 21
Kigali, 22
Kinshasa, 22
Kiribati, 31
Kosovo, 9
Kuala Lumpur, 18
Kuwait, 12
Kyiv, 8
Kyrgyzstan, 13

L

La Paz, 29
Laos, 18
Latfia, 8
Lesotho, 22
Libanus, 12
Liberia, 20
Libreville, 22
Libya, 20, 21
Liechtenstein, 7
Lilongwe, 23
Lima, 28
Lisbon, 7
Lithwania, 8
Ljubljana, 7
Lobamba, 22
Lomé, 20
Luanda, 22
Lusaka, 22
Lwcsembwrg, 7

Ll

Lloegr, 7
Llundain, 7

M

Machu Picchu, 29
Madagascar, 23
Madrid, 7
Malabo, 20
Malawi, 23
Malaysia, 18
Maldives, 15
Malé, 15
Mali, 20
Malta, 7
Managua, 9
Manila, 21
Maputo, 22
Martinique, 27
Maseru, 22
Mauritania, 20
Mauritius, 23
Mayotte, 23
Mbabane, 22
Mecsico, 26
Minsk, 8
Mogadishu, 21
Moldofa, 9
Monaco, 7
Mongolia, 16, 17
Monrovia, 20
Mont Blanc, 7
Montenegro, 9
Montevideo, 29
Morocco, 20
Moroedd
   Adria, 9
   Aegea, 9
   Arabia, 12
   Arafura, 19, 30
   Aral, 13
   Azov, 9
   Baltig, 6, 8
   Barents, 10, 32
   Beaufort, 32
   Bering, 11, 32
   Canoldir, 7, 12, 20
   Caribî, 27
   Caspia, 10, 12, 13
   Celebes, 18
   Coch, 12, 21
   Cwrel, 30
   Chukchi, 32
   De China, 18
   Du, 9, 12
   Dwyrain China, 17
   Dwyrain Siberia, 11
   Kara, 10, 32
   Laptev, 11, 32
   Melyn, 17
   Norwy, 6
   Okhotsk, 11
   Philippines, 19
   Ross, 33
   Tasman, 30
   Weddell, 33
   Y Gogledd, 6
Moroni, 23
Moscow, 8, 10
Mozambique, 23
Muscat, 12
Myanmar (Burma), 14, 15
Mynyddoedd
   Alpau, 4, 7
   Altai, 10, 11, 16
   Andes, 4, 28, 29
   Appalachia, 25
   Atlas, 20
   Caucasus, 12
   Drakensberg, 22
   Etna, 7
   Everest, 5, 14
   Fuji, 17
   Himalaya, 4, 14, 16
   Hindu Kush, 13, 14
   K2, 14, 16
   Karakoram, 14, 16
   Kilimanjaro, 23
   Kunlun, 16
   Mont Blanc, 7
   Musala, 9
   Orizaba, 26
   Pyreneau, 7
   Rockies, 24, 25
   Sarawat, 12
   Taurus, 12
   Trawsantarctica, 33
   Ural, 10
   Verkhoyansk, 11
   Zagros, 12

N

N'Djamena, 20
Nairobi, 23
Namibia, 22
Nauru, 31
Naypyidaw, 15
Nepal, 14
Ngerulmud, 31
Niamey, 20
Nicaragua, 26, 27
Nicosia, 9
Niger, 20
Nigeria, 20
Nîl, 5, 21
Niue, 31
Norwy, 6, 32
Nouakchott, 20
Novaya Zemlya, 10, 32
Nuku'alofa, 31

O

Oceania, 31
Oman, 12
Oslo, 6
Ottawa, 25
Ouagadougou, 20

P

Pakistan, 14
Palau, 31
Palikir, 31
Panama, 27
Papua Guinea Newydd, 30
Paraguay, 29
Paramaribo, 28
Paris, 7
Penrhyn Antarctica, 33
Penrhyn Kamchatka, 11
Periw, 28, 29
Philippines, 19
Phnom Penh, 18
Podgorica, 9
Polynesia Ffrengig, 31
Port Louis, 23
Port Moresby, 30
Port Vila, 31
Portiwgal, 7
Porto-Novo, 20
Prâg, 7
Praia, 20
Pretoria (Tshwane), 22
Pristina, 9
Puerto Rico, 27
Putrajaya, 18
Pyongyang, 17
Pyreneau, 7

Q

Qatar, 12
Quito, 28

R

Rabat, 20
Réunion, 23
Reykjavik, 6
Riga, 8
Riyadh, 12
Romania, 9
Rwanda, 22
Rwsia, 8, 9, 10-11

Rh

Rhaeadrau
   Angel, 28
   Niagara, 25
   Victoria, 22
Rhufain, 7

S

St. Kitts a Nevis, 27
St. Lucia, 27
St. Petersburg, 8
St. Vincent a'r Grenadines, 27
Samoa, 31
   Americanaidd, 31
San José, 27
San Marino, 7
San Salvador, 26
Sana'a, 12
Santiago, 29
São Tomé, 22
São Tomé a Principe, 22
Sarajevo, 9
Sardinia, 7
Saudi Arabia, 12
Sbaen, 7
Seland Newydd, 30
Senegal, 20
Seoul, 17
Serbia, 9

Severnaya Zemlya, 11, 32
Seychelles, 23
Sicilia, 7
Sierra Leone, 20
Singapore, 18
Skopje, 9
Slofacia, 9
Slofenia, 7
Sofia, 9
Somalia, 21
Sri Jayawardenepura Kotte, 15
Sri Lanka, 15
Stockholm, 6
Sucre, 29
Sudan, 21
Sumatra, 18
Suriname, 28
Suva, 31
Svalbard, 32
Sweden, 6, 32
Syria, 12

Tasmania, 30
Tbilisi, 12
Tegucigalpa, 26
Tehran, 12
Thimphu, 14
Tierra del Fuego, 29
Tir Franz Josef, 32
Tirana, 9
Togo, 20
Tokelau, 31
Tokyo, 17
Tonga, 31
Traeth Ifori, 20
Trinidad a Tobago, 27
Tripoli, 20
Tshwane, gweler Pretoria
Tunis, 20
Tunisia, 20,
Turkmenistan, 12, 13
Turks a Caicos, 27
Tuvalu, 31
Twrci, 9, 12

V

Vaduz, 7
Valletta, 7
Vanuatu, 31
Venezuela, 28
Vientiane, 18
Vietnam, 18
Vilnius, 8

W

Wallace a Futuna, 31
Warsaw, 8
Washington, D.C., 25
Wcrain, 8, 9
Wellington, 30
Windhoek, 22

Yerevan, 12
Ynysoedd
 Andaman, 15
 Anguilla, 27
 Aruba, 27
 Baffin, 25, 32
 Baleares, 7
 Canaria, 20
 Cayman, 27
 Cook, 31
 Curaçao, 27
 Ellesmere, 32
 Falkland, 29
 Ffaröe, 6
 Galápagos, 29
 Gogledd Mariana, 31
 Guadeloupe, 27
 Hawaii, 24
 Ibiza, 7
 Lakshadweep, 15
 Mallorca, 7
 Marshall, 31
 Martinique, 27
 Mayotte, 23
 Menorca, 7
 Nicobar, 15
 Novaya Zemlya, 10, 32
 Orkney, 6
 Pitcairn, 31
 Sakhalin, 11
 Severnaya Zemlya, 10, 11, 32

Seychelles, 23
Shetland, 6
Siberia Newydd, 11, 32
Society, 31
Solomon, 31
Svalbard, 32
Tierra del Fuego, 29
Tir Franz Josef, 10, 32
Turks a Caicos, 27
Virgin, 27
Wrangel, 10, 32
Y Gogledd, 33
Y Pasg, 29
Yr Ynys Las, 32
Yr Aifft, 21
Yr Alban, 6
Yr Almaen, 6, 7
Yr Arctig, 4, 6, 10, 11, 32
Yr Eidal, 7
Yr Hâg, 7
Yr Horn, 29
Yr Iseldiroedd, 7

T

Taiwan, 17
Tajikistan, 13
Taleithiau Ffederal
  Micronesia, 31
Tallinn, 8
Tanzania, 23
Tarawa, 31

U

Uganda, 22, 23
Ulan Bator, 16
Unol Daleithiau America, 24, 25
Uruguay, 29
Uzbekistan, 13

Y

Y Deyrnas Unedig, 6, 7
Y Ffindir, 6
Y Swistir, 7
Yamoussoukro, 20
Yaoundé, 20
Yemen, 12

Z

Zagreb, 7
Zambia, 22, 23
Zimbabwe, 22, 23

RHEOLWR DYLUNIO ZOE WRAY   RHEOLWR GOLYGU RUTH BROCKLEHURST
TRINIAETH DDIGIDOL JOHN RUSSELL   YMGYNGHORYDD MAPIAU CRAIG ASQUITH

Arlunwaith ychwanegol gan Zoe Wray ac Emily Barden

Cyhoeddwyd gan Rily Publications Ltd. 2023
Rily Publications Ltd., Blwch Post 257, Caerffili CF83 9FL
Hawlfraint yr addasiad © Rily Publications Ltd. 2023
Addasiad: Siân Lewis
ISBN 978-1-80416-308-5

Cyhoeddwyd yn wreiddiol yn Saesneg yn 2016 o dan y teitl *Usborne Big Picture Atlas* gan Usborne Publishing Ltd.

Cedwir pob hawl. Ni chaniateir atgynhyrchu unrhyw ran o'r cyhoeddiad hwn na'i gadw mewn cyfundrefn adferadwy na'i drosglwyddo mewn unrhyw ddull, na thrwy unrhyw gyfrwng electronig, mecanyddol, llungopïo, recordio, nac fel arall, heb ganiatâd ymlaen llaw gan y cyhoeddwyr.

Mae'r cyhoeddwr yn cydnabod cefnogaeth ariannol Cyngor Llyfrau Cymru.

Argraffwyd ym Malaysia

www.rily.co.uk